# BEI GRIN MACHT SICH IHR
# WISSEN BEZAHLT

- Wir veröffentlichen Ihre Hausarbeit,
  Bachelor- und Masterarbeit

- Ihr eigenes eBook und Buch -
  weltweit in allen wichtigen Shops

- Verdienen Sie an jedem Verkauf

## Jetzt bei www.GRIN.com hochladen
## und kostenlos publizieren

Sebastian Strissel

# Analyse eines Softwareentwicklungsprozesses und Konzipierung einer Monitoring-Lösung unter den Gesichtspunkten von DevOps

GRIN Verlag

**Bibliografische Information der Deutschen Nationalbibliothek:**

Die Deutsche Bibliothek verzeichnet diese Publikation in der Deutschen National-
bibliografie; detaillierte bibliografische Daten sind im Internet über http://dnb.d-
nb.de/ abrufbar.

**Impressum:**

Copyright © 2012 GRIN Verlag GmbH
Druck und Bindung: Books on Demand GmbH, Norderstedt Germany
ISBN: 978-3-656-68554-8

**Dieses Buch bei GRIN:**

http://www.grin.com/de/e-book/269400/analyse-eines-softwareentwicklungsprozes-
ses-und-konzipierung-einer-monitoring-loesung

**GRIN - Your knowledge has value**

Der GRIN Verlag publiziert seit 1998 wissenschaftliche Arbeiten von Studenten, Hochschullehrern und anderen Akademikern als eBook und gedrucktes Buch. Die Verlagswebsite www.grin.com ist die ideale Plattform zur Veröffentlichung von Hausarbeiten, Abschlussarbeiten, wissenschaftlichen Aufsätzen, Dissertationen und Fachbüchern.

**Besuchen Sie uns im Internet:**

http://www.grin.com/

http://www.facebook.com/grincom

http://www.twitter.com/grin_com

Bachelorarbeit an der Hochschule Ulm
Fakultät Informatik
Studiengang Technische Informatik

# Analyse eines Softwareentwicklungsprozesses und Konzipierung einer Monitoring-Lösung unter den Gesichtspunkten von DevOps

## Hochschule Ulm

Wilken

vorgelegt von
Sebastian Strissel
am
14. September 2012

# II Zusammenfassung

Thema:              Analyse eines Softwareentwicklungsprozesses und Konzipierung einer
                    Monitoring-Lösung unter den Gesichtspunkten von DevOps

Bachelorand:        Sebastian Strissel


Unternehmen:        Wilken GmbH

Abgabedatum:        14. September 2012

Diese Bachelorarbeit setzt sich mit dem Vorgehensmodell DevOps auseinander. Dazu werden Begrifflichkeiten erklärt und Differenzen anhand einer Analyse der aktuellen Situation der Bereiches SmartBusiness der Firma Wilken aufgezeigt.

Ein Schwerpunkt wird hierbei auf den Teilprozess Monitoring gelegt. Es werden in der Arbeit mögliche Monitoring-Lösungen aufgezeigt. Eine Monitoring-Lösung, die den Ansätzen von DevOps entspricht, und welche an die Vorgänge der Abteilung SmartBusiness angepasst ist, wird vorgestellt.

# III  Danksagung

Mein Dank gilt den beiden Betreuern, Prof. Dr. Rüdiger Lunde, von der Hochschule Ulm, sowie Jens Gohrke, von der Firma Wilken, die es mir ermöglicht haben diese Bachelorarbeit durchzuführen.

Des weiteren möchte ich dem gesamten Team der Abteilung SmartBusiness für die offene und herzliche Aufnahme danken.

Besonderer Dank gilt Prof. Dr. Rüdiger Lunde, Jens Gohrke und Michael Nahler, aus der Abteilung SmartBusiness, Marina Stumpp sowie Gloria Gessinger die mich mit Anregungen zur Gestaltung der Bachelorarbeit unterstützt haben.

Zuletzt danke ich meinen Freunden und der Familie, die mich besonders zur letzten Phase der Bachelorarbeit unterstützt, getragen und ertragen haben.

# IV  Inhaltsverzeichnis

# 1 Einleitung

## 1.1 Motivation

Sobald eine Firma wächst und immer mehr Menschen dazu stoßen, bleibt es nicht aus, dass sich die Firma organisiert, indem sie Abteilungen schafft und Kompetenzen verteilt. Dadurch kommt es zu Kapselungen und Spezialisierungen. Die Kommunikationswege werden länger und das Verständnis für die Arbeiten in anderen Abteilungen schwindet. Bei abteilungsübergreifenden Projekten, deren Devise "release early and often" lautet, wirkt sich dies negativ aus. DevOps ist der Begriff für eine Bewegung, mit Prinzipien, Methoden und Werkzeugen, welche die Kluft zwischen Entwicklung und Administration schließt, um so den Anforderungen an immer schnellere und flexiblere Änderungen gerecht werden zu können. Mit Hilfe von DevOps soll die Grundidee von agilen Methoden auch auf die Administration ausgeweitet werden, und damit ein nahtloser Prozess, von der Entwicklung, bis hin zum Nutzer, entstehen. Durch die verstärkte Zusammenarbeit von Entwicklung und Administration wird die Produktivität und Qualität gesteigert.

## 1.2 Problemstellung

Innerhalb der Firma Wilken besteht die Abteilung SmartBusiness, die sich unter anderem mit der Entwicklung von Softwarelösungen für Kartensysteme beschäftigt. Die Abteilung setzt auf häufige Releases und kurze Zyklen und stößt dabei an ihre Grenzen. DevOps soll hier nun Abhilfe schaffen indem Teilprozesse analysiert und den Ansätzen von DevOps angepasst werden.

## 1.3 Zielsetzung

Ziel dieser Bachelorarbeit ist es, Differenzen zwischen dem Vorgehensmodell der Abteilung Smart-Business bei der Firma Wilken, und DevOps aufzuzeigen. Vertiefend soll der Teilprozess Monitoring unter Berücksichtigung der Ansätze aus DevOps angepasst werden. Dazu soll eine DevOps-konforme Monitoring Lösung mit Nagios konzipiert werden, indem Schnittstellen zu den Schichten Appliance, Application-Server, Java Virtual Machine und Java-Anwendung ermittelt und bewertet werden.

## 1.4 Gliederung der Arbeit

In **Kapitel 1 (Einleitung)** wird auf die Motivation, Problemstellung und die Zielsetzung, sowie die Gliederung dieser Bachelorarbeit eingegangen.

In **Kapitel 2 (Grundlagen)** werden die, in den folgenden Kapiteln eingesetzten und für die Bearbeitung der Bachelorarbeit zu Grunde liegenden Begrifflichkeiten DevOps, Nagios und Monitoring erklärt.

In **Kapitel 3 (Stand der Technik)** wird anhand von Umfrageergebnissen aufgezeigt, wie bekannt DevOps in Firmen ist und wie es in diesen realisiert und betrieben wird.

In **Kapitel 4 (Analyse der aktuellen Situation im Wilken SmartBusiness Bereich)** werden die grundlegenden Vorgänge bei der Entwicklung von Software, in der Abteilung SmartBusiness der Firma Wilken, betrachtet und Differenzen zu DevOps aufgezeigt.

In **Kapitel 5 (Monitoring-Lösung)** wird ausgehend von den, in der Analyse ermittelten, Ergebnissen eine Monitoring-Lösung in einer Testumgebung aufgebaut.

In **Kapitel 6 (Zusammenfassung und Ausblick)** findet eine selbstkritische Beurteilung der beschriebenen Monitoring Lösung sowie möglicher Verbesserungen statt.

# 2 Grundlagen

## 2.1 DevOps

### 2.1.1 Der Begriff DevOps

DevOps ist ein Begriff, der sich aus den zwei englischen Wörtern Developers und Operators zusammen setzt. Zu deutsch, Entwickler und Administratoren. Er wurde zum ersten mal 2009, während der "DevOps Days" in Belgien, öffentlich verwendet und steht sowohl für eine Bewegung, die sich innerhalb der IT-Branche gebildet hat, als auch für die Ziele, die diese verfolgen. Welche Ziele das sind, wird in den folgenden Kapiteln erläutert.

### 2.1.2 Was DevOps nicht ist

Um zu beschreiben was DevOps ist, ist es sinnvoll erst einmal aufzuzeigen was DevOps nicht ist.

Experienced DevOps engineer required

We want you!

*This position offers:*
Shuttle service between departments
Fame and honor
Opportunity to advance to Principal DevOps Engineer
Work/Life balance on Sundays

*Applicants should have:*
Verbal/Nonverbal communication skills
Excellent knowledge of DevOps tool suites
At least average anti-silo thinking
General understanding of chaos theory

 **Apply now!!**
Contact Information
(999) 11 22 33 44

Abbildung 1: We want you! [Hü12]

Das obige Bild, aus dem Buch "DevOps for Developers" von Michael Hüttermann, ist eine überspitzt ausgeführte Stellenanzeige für einen DevOps Ingenieur. Anhand einiger Punkte können die größten Falschannahmen zu DevOps aufgezeigt werden.

- "Shuttle service between departments"
  Die Trennung zwischen Entwicklung und Administration ist nicht nur eine Ideelle, sondern

meistens auch eine Räumliche. Um effektiv arbeiten zu können, müsste ein DevOps Ingenieur stets zwischen den beiden Abteilungen pendeln, da jede ihre eigenen Aufgaben und
Problemstellungen hat. Bei DevOps geht es aber nicht darum, eine Person zu haben, die
zwischen den Abteilungen pendelt und vermittelt, sondern vielmehr um zwei Abteilungen,
die stark mit einander kollaborieren.

- "Excellent knowledge of DevOps tool suites"
  Es gibt keine Tool-suites um DevOps zu betreiben. Vielmehr gibt es eine Anzahl von Werkzeugen die idealerweise einem gegebenen Prozess angepasst sind und sowohl von Entwicklern,
  als auch Administratoren gleichermaßen genutzt werden.

- "average anti-silo thinking"
  Sowohl die Entwicklung, als auch die Administration sind eigenständig arbeitende Abteilungen (engl. silos). Diese benutzen unterschiedlichste Werkzeuge um sich die tägliche Arbeit
  zu erleichtern. Ein DevOps Ingenieur muss sie alle kennen und beherrschen.

### 2.1.3 Der Kern von DevOps

DevOps steht für Prinzipien, Methoden und Werkzeuge, die es Softwareentwicklern und Administratoren ermöglichen sollen, den Anforderungen von immer schneller entwickelte Software gerecht
zu werden. DevOps legt dabei auf vier Gebiete einen Schwerpunkt. Culture, Automation, Measurement und Sharing.

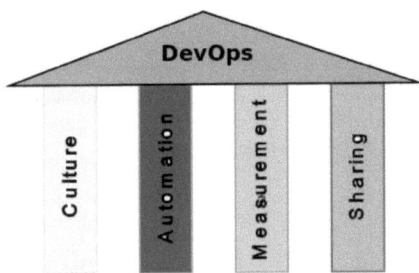

Abbildung 2: Grundpfeiler von DevOps

**Culture** (dt. Kultur) setzt sich mit der zwischenmenschlichen Beziehung von Entwicklung und
Administration mittels richtigem Umgang auseinander. "Menschen kommen vor Prozessen und
Werkzeugen. Software ist von Menschen und für Menschen gemacht." [Hü12]

**Automation** ist essentiell für DevOps um schnelles Feedback zu erhalten.

**Measurement** (dt. Messung) "If you can't measure, you can't improve." Eine erfolgreiche Implementierung von DevOps misst alles, so oft es geht: Leistungsmetriken, Prozessmetriken und sogar
Metriken von Personen.

**Sharing** (dt. das Teilen) erzeugt eine Kultur, in der Menschen Ideen, Prozesse und Werkzeuge teilen.

### 2.1.4 Unterschiedliche Ziele

Entwicklung und Administration verfolgen unterschiedliche Ziele. Für die Erfüllung der Ziele wird die jeweilige Gruppe mit Lob, Anerkennung oder Geld "belohnt". Das Problem ist, dass diese Ziele miteinander konkurrieren.
Die Entwicklung setzt beispielsweise für eine Software neue Features um, fügt Bugfixes ein oder arbeitet Anfragen ab. Diese Tätigkeiten kann man unter dem Begriff "Änderungen" zusammenfassen. Diese Änderungen sollen schnellstmöglich dem Kunden verfügbar gemacht werden.
Administratoren dagegen, wollen ein stabiles Produktivsystem sicher stellen. Daher möchten sie, wenn eine Software einmal an den Kunden

Abbildung 3: Unterschiedliche Ziele

geliefert wurde, Änderungen vermeiden, um die Stabilität des Produktivsystems nicht zu gefährden. "Stabilität" ist das erklärte Ziel der Administratoren.

### 2.1.5 Blame Game

"In der Regel treffen Devs und Ops unter Zeitdruck aufeinander, zum Beispiel beim Deployment eines neuen Releases oder wenn es ein Problem, wie einen Systemausfall, gibt.", so Peschlow [Pes12]. Dann beginnt das typische Blame-Game, bei dem beide Lager (Entwicklung und Administration) sich gegenseitig die Schuld an der Situation geben.

Abbildung 4: Blame Game [Hü12]

Die Entwicklung tadelt die Administratoren, weil sie die Software nicht live stellen können oder wollen. Die Administration dagegen tadelt die Entwickler wegen ihrer Unfähigkeit produktionsreife Software zu entwickeln. Hüttermann [Hü12] geht davon aus, dass die Ursachen für die auftretenden Probleme divergierende Ziele, Prozesse und Werkzeuge der beiden Lager sind. Nehmen wir an, dass eine auf dem Entwicklungssystem funktionierende Software auf dem Produktivsystem nicht lauffähig gemacht werden kann. Weder die Entwickler, noch die Administratoren sind sich einer Schuld bewusst. Nun könnte es passieren, dass sich die beiden gegenseitig beschuldigen. Nach langwierigen Diskussionen fällt auf, dass das Entwicklungs- und das Produktivsystem sich voinander in einer kleinen Einstellung unterscheiden. Anstatt sich gegenseitig die Schuld am Problem zu geben wäre es sinnvoller die Zeit zu nutzen und gemeinsam an der Lösung des Problems zu arbeiten.

### 2.1.6 Culture

Im Anschluss an die ersten DevOpsDays veröffentlichte Patrick Debois auf seinem Blog "And remember it's all about putting the fun back to IT!" [Deb09]. Dieser Satz, so kurz er auch ist, gibt sehr gut wieder, worum es bei dem kulturellen Aspekt von DevOps geht.

Laut Patrick Peschlow [Pes12] kommt es dabei auf den gegenseitigen Respekt an. Dieser sei eine Voraussetzung für Vertrauen und eine gute Zusammenarbeit. Er zählt hierbei folgende kulturelle Bausteine auf:

- Selbstverpflichtung der Beteiligten auf Ziele

- aufmerksames Zuhören

- gegenseitige Weiterbildung

- Etablierung gemeinsamer Ziele

Mit einer respektvollen und vertrauensvollen Zusammenarbeit ließe sich das Blame-Game vermeiden.

Michael Hüttermann [Hü12] führt in seinem Buch auf, dass es bei der Kultur in DevOps um Vertrauen und ein Zusammengehörigkeitsgefühl geht. Seiner Ansicht nach, kommt der Mensch vor dem Prozess und der Prozess vor den Werkzeugen. Das heißt, dass zuallererst das Verhältnis zwischen Entwicklern und Administratoren stimmen muss, bevor man sich Gedanken über Prozesse oder gar Werkzeuge machen kann.

Hüttermann meint, dass DevOps zu Teams führen würde, die Experten zusammen bringt, welche ihre Fähigkeiten und Erfahrungen miteinander teilen. Alle Experten hätten zumindest ein grundlegendes Verständnis über das Geschäftsgebiet der anderen. Bei DevOps ginge es um Teamplay und den Ansatz einer kooperativen Problemlösung.

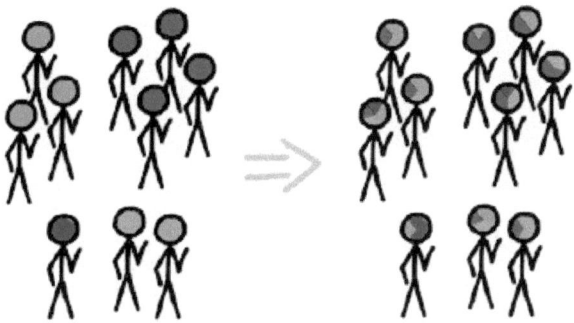

Abbildung 5: DevOps-Teams [Hü12]

### 2.1.7 Automation

Die Automation von Vorgängen durch geeignete Werkzeuge ist einer der zentralen Gedanken von DevOps. Dieser lässt sich aber nur umsetzen, wenn alle an einem Strang ziehen. Das soll heißen, dass man sich erst Gedanken über die Automation von Vorgängen machen sollte, wenn eine Kultur der Zusammenarbeit zwischen Entwicklung und Administration herrscht.
Durch die Automatisierung sollen laut Peschlow [Pes12] Vorgänge transparent und nachvollziehbar gemacht werden.

Der wichtigste Bestandteil ist seiner Meinung nach "Infrastructure as Code". Serverkonfigurationen, Installationen von Paketen, Beziehungen zwischen Servern und vieles mehr werden dabei in Code modelliert.
Dadurch kann erreicht werden, dass die Konfiguration der Entwicklungs-, Test- und Produktivumgebung automatisiert auf den selben Stand gebracht wird. Ein mit Infrastrucutre as Code in Zusammenhang gebrachtes Werkzeug ist Puppet von der Firma Puppet Labs [1].

Daraus erzielte Vorzüge sind:

* Zentrale Verwaltung des Quellcodes unter Nutzung von Versionskontrolle

* Hohe Transparenz und Vermeidung von Wissensinseln

* Automatisiertes Testen der Konfiguration von Servern und virtuellen Maschinen

* Automatisiertes Testen von Deployments und der anschließenden Verfügbarkeit von beteiligten Systemen und geschäftskritischen Softwarefunktionen

* Gemeinsame Nutzung von Konfigurations- und Deployment-Vorschriften durch Entwicklung und Administration

### 2.1.8 Measurement

Ein weiterer, wichtiger Bestandteil der Softwareentwicklung ist laut Hüttermann [Hü12] zu messen was man tut. Dabei könne eine Vielzahl von Metriken verwendet werden.

* Mean Time Between Failure (MTBF)
* Mean Time To Repair (MTTR)
* Mean Time to Rollback
* Wie viele offenen Fragen konnten in einer Periode x gelöst werden?
* Kosten durch die Entwicklung
* Länge eines Entwicklungszyklus
* Anzahl der umgesetzten Features innerhalb einer Periode
* Zeit die für die Umsetzung eines Features verwendet wurde
* ...

Für die erfolgreiche Einführung von DevOps sei es wichtig, dass Metriken benutzt werden, die sowohl den Entwicklern als auch den Administratoren nutzen. Entwickler sollen sich nicht nur auf das Messen während des Softwareentwicklungsprozesses beschränken, sondern darüber hinaus, auch Daten zum Betrieb der Software sammeln. Ein schnelles Feedback ermögliche es, das Risiko von auftretenden Probleme zu minimieren indem sie frühzeitig erkannt würden.

---

[1] http://www.puppetlabs.com/

## 2.1.9 Sharing

Ein weiterer, grundlegender Eckstein von DevOps ist das Sharing. Der Blick über den eigenen Tellerrand soll gewagt werden. Je mehr ein Team aus Entwicklern und Administratoren sowohl untereinander, als auch in der Gruppe selbst teilt, desto mehr Verständnis entsteht für die Sichtweise der anderen. Damit dies funktionieren kann, ist eine Kollaboration zwischen beiden Parteien notwendig.

### Wissen

Das Teilen von Wissen, in einer Gruppe und über diese hinaus, vermeidet Wissensinseln. Die gesamte Gruppe soll durch das eingebrachte Wissen der Einzelnen lernen. Bei einer Gruppe aus Spezialisten, die ihr Wissen nicht untereinander teilen, ist der Einzelne unentbehrlich. Ein Ausfall eines Einzigen könnte ein ganzes Projekt gefährden. Wird das Wissen aber geteilt, so ist es möglich einen Ausfall teilweise, oder sogar komplett zu kompensieren. Zudem ermöglicht neues Wissen neue Sichtweisen auf bestehende Probleme.

### Werkzeuge

Sowohl die Entwicklung, als auch die Administration, setzt für die Erleichterung ihrer tägliche Arbeit Werkzeuge ein. Diese Werkzeuge sind meist so spezialisiert, dass nur eine dieser Gruppen damit umgehen kann. Für eine Zusammenarbeit zwischen beiden ist es sinnvoll gemeinsame Werkzeuge zu benutzen. Entwicklung und Administration schaffen sich damit eine gemeinsame Basis.

| Development Tools | Operations Tools |
|---|---|
| • Programmierung (Eclipse, NetBeans, . . . ) <br> • Datenbanken <br> • Test (JUnit, . . . ) <br> • Monitoring (VisualVM, JBoss, . . . ) | • Netzwerkmonitoring <br> • Sicherheit <br> • Speicherverwaltung |

| DevOps Tools |
|---|
| • Konfiguration (Puppet, Chef, . . . ) <br> • Build (Husdon, Jenkins, . . . ) <br> • Monitoring (Nagios, Collectd, . . . ) |

Tabelle 1: Dev-, Ops- und DevOps-Tools

**Ziele**

Wie bereits in Kapitel 2.1.4 (Entwicklung vs. Administration) erwähnt, haben Entwicklung und Administration unterschiedliche, miteinander konkurrierende Ziele. Das führt laut Hüttermann [Hü12] zu einem Graben zwischen diesen beiden Gruppen. Einige für Änderungen und andere für Stabilität zu belohnen erzeugt Konflikte. Sinnvoller wäre es ein gemeinsames Ziel zu definieren. Dieses könnte beispielsweise "Entwicklung von stabilen Änderungen" sein. Alleine schon das definieren von gemeinsamen Zielen erleichtert es zwei Gruppen einander näher zu bringen.

**Probleme**

"Geteiltes Leid ist halbes Leid". Dieser Satz gibt sehr gut wieder, worum es beim Teilen von Problemen geht. Manchmal ergeben sich mit einer anderen Sichtweise auf ein Problem Lösungen, die man übersehen hat. Das Teilen von Problemen, über eine Gruppe hinaus, soll nicht als Schwäche der Gruppe angesehen werden, sondern als offenes Kommunizieren. Ein Problem innerhalb der Gruppe zu lösen ist schwierig, wenn sich diese auf eine Sichtweise eingefahren hat. Die dafür verschwendete Zeit kann vermieden werden, wenn ein dritter von diesem Problem erfährt (vielleicht schon erfolgreich gelöst hat) und seine seine Sichtweise einbringen kann.

## 2.2 Monitoring

Beim Monitoring werden Daten kontinuierlich erfasst, gespeichert und aufbereitet. Diese werden eingesetzt, um die MTTD (mean time to detect) und MTTR (mean time to repair) zu minimieren. Laut Hütterman [Hü12] solle man die Anwendung und die passende Monitoring-Lösung Seite an Seite entwickeln. Dadurch wäre man in der Lage, das Monitoring kontinuierlich zu verbessern, Lücken im Monitoring frühzeitig zu erkennen und könnte sicher stellen, dass das Monitoring den konkreten Bedürfnissen entspricht. Dem Umfang des betriebenen Monitorings sind theoretisch keine Grenzen gesetzt. Jedoch steigen die Anfälligkeit für Fehler der Monitoring-Lösung selber und die Kosten für die Realisierung einer solchen mit dem Umfang. Es muss daher abgewägt werden, ob der entstehende Nutzen die Kosten aufwiegt. Bei der Überlegung, welche Parameter eines IT-Systems überwacht werden sollen (CPU-Auslastung, Temperatur, . . . ), ergeben sich vier Bereiche, denen diese zugeordnet werden können. Hardware, Betriebssystem, Laufzeitumgebung und Anwendung.

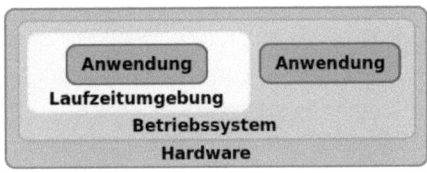

Abbildung 6: Bereiche des Monitoring

Hier einige Beispiele für zu überwachende Teile eines IT-Systems und deren Zuordnung:

**Hardware**
x32, x64, . . .

- Temperatur
- Spannung an CPU und RAM
- Umdrehungsgeschwindigkeit der Lüfter
- . . .

**Betriebssystem**
Linux, Windows, MacOS, . . .

- Verfügbarkeit
- Auslastung des Arbeitsspeichers
- Auslastung der Prozessoren
- verfügbarer Speicherplatz
- Anzahl der laufenden Prozesse
- . . .

**Laufzeitumgebung**
JVM, .NET, mono, . . .

- Verfügbarkeit
- Auslastung des zugewiesenen Arbeitsspeichers
- Anzahl der laufenden Threads
- . . .

**Anwendung**
Java, C#, . . .

- Anwendungsspezifische Parameter

Tabelle 2: Zuordnung von Anforderungen in Bereiche

### 2.2.1 Hardware

Um das Monitoring der Hardware zu betreiben gibt es zwei Möglichkeiten. Entweder man ermittelt die geforderten Parameter manuell oder automatisiert.

Manuell bedeutet im Zusammenhang mit der Temperatur beispielsweise, dass eine Person diese, in zeitlich festgelegten Intervallen mit einem geeigneten Werkzeug, wie einem Thermometer, erfasst und dokumentiert. Ein großer Nachteil beim manuellen Monitoring ist die Fehleranfälligkeit durch die menschliche Komponente. Es können sich Fehler bei der Durchführung der Messung durch falsche Bedienung des Messinstruments, beim Ablesen der Messwerte und beim Dokumentieren einschleichen. Auch das Stattfinden einer Messung kann nicht garantiert werden.

Für das automatisierte Monitoring der Hardware können externe und, wenn vorhanden, auch interne (system eigene) Sensoren genutzt werden. Deren Daten können von einem dritten System, oder vom System selber erfasst und abgespeichert werden.

Abbildung 7: Temperaturmessung
(von links nach rechts: manuell - automatisiert, interner Sensor - automatisiert, externer Sensor)

Die automatische Erfassung der Daten durch das System selber, kann über ein installiertes Betriebssystem realisiert werden, welches Zugriff auf Sensoren hat. Dadurch, dass die menschliche Komponente entfällt, können keine Mess- und Übertragungsfehler durch falsche Bedienung entstehen. Die einzige Fehlerquelle, die bei dieser Methode verbleibt, ist die Sicherstellung der Durchführung der Messung. Diese kann nur stattfinden, wenn das System läuft. Soll heißen, dass die Hardware des Systems ordnungsgemäß funktioniert und Rechenprozesse auf dem System ausgeführt werden, welche die Sensoren auslesen, die Daten verwerten und abspeichern. Einzig und allein das Monitoring durch dritte Systeme kann diese Fehlerquelle minimieren - aber dennoch nicht ausschließen. Der Ausfall des Drittsystems ist genau so gut möglich. Man muss sich nun vor Augen halten, dass ein solches Szenario möglich, dessen Eintrittswahrscheinlichkeit jedoch sehr gering ist.

Aus der Sichtweise von DevOps bietet sich das automatisierte Monitoring an, da die erfassten Daten, die in einer Datei oder Datenbank liegen, sehr leicht ausgewertet und anderen zugänglich gemacht werden können. Obwohl das Monitoring der Hardware durch dritte Systeme die sicherste

Methode für die Erfassung der Daten ist, spricht der technische Aufwand für die Realisierung und die Kosten einer solchen, meist gegen eine derartige Ausführung. Lediglich bei kritischen Systemen, bei deren Ausfall untragbare Kosten entstehen, können solche Aufwände gerechtfertigt werden.

### 2.2.2 Betriebssystem

Für das Monitoring eines Betriebssystems gibt es eine Vielzahl von Werkzeugen die eingesetzt werden können. Dabei können zwei Methoden der Zugänglichkeit unterschieden werden:

- lokal
- ferngesteuert

Lokales Monitoring eines Betriebssystems kann, wie es der Name schon sagt, nur lokal, also nur am System selber betrieben werden. Ein Anwender ist gezwungen direkt am System zu sein.

Ferngesteuertes Monitoring im Gegenzug heißt, dass mittels Netzwerkprotokollen Daten des Betriebssystems angefordert werden können. Bei einer großen Anzahl zu verwaltender Rechner im Netzwerk bietet es sich an eine zentrale Monitoring Lösung einzurichten.

Anhand der Zeitspanne, über die die Daten gespeichert werden, können wiederum zwei Kategorien definiert werden:

- kurzfristig
- langfristig

Kurzfristige Datenspeicherung wird eingesetzt, wenn es ausreicht den Zustand eines Parameters zum Zeitpunkt der Beobachtung zu erfahren.

Bei der langfristigen Datenspeicherung werden die gemessenen Daten dagegen in einer Datei oder Datenbank abgespeichert. Dies macht es möglich den Verlauf der gemessenen Parameter über einen längeren Zeitraum einzusehen.

### Lokal und kurzfristig

Ein Beispiel für eine lokale, kurzfristige Monitoring Lösung ist der Taskmanager des Betriebssystems Microsoft Windows. Mit diesem können Daten, wie Auslastung der CPU, Belegung des Arbeitsspeichers und laufende Prozesse angezeigt werden.

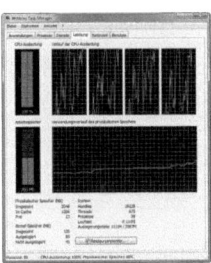 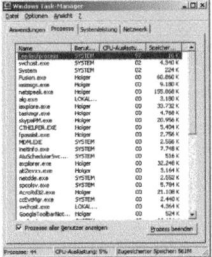

Abbildung 8: Taskmanager - Auslastung  Abbildung 9: Taskmanager - Prozesse

## Lokal und langfristig

Ein weiteres Werkzeug des Betriebssystems Windows ist der Windows Performance-Monitor (perfmon). Dieser kann den Verlauf von überwachten Parametern über längere Zeit angeben weil er die ermittelten Werte in einer Datei ablegt.

## Ferngesteuert und kurzfristig

Mit dem Tool Nagios ist es möglich Parameter von entfernten Betriebssystemen in einem Netzwerk zu überwachen. Über eine Weboberfläche können die Zustände zum Zeitpunkt der Messung eingesehen werden. Dabei geht Nagios nacheinander alle Hosts durch und fragt deren Parameter ab.

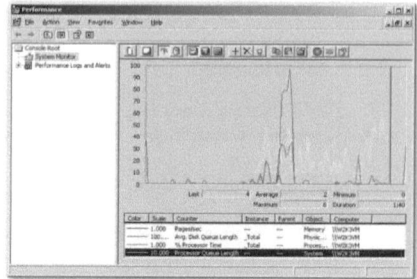

Abbildung 10: perfmon

## Ferngesteuert und langfristig

Mittels Erweiterungen wie nagiosgrapher oder nagiostat kann Nagios Daten auch langfristig ablegen und einsehbar machen.

Abbildung 11: Nagios

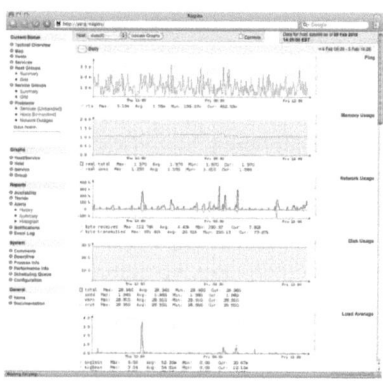

Abbildung 12: Nagios mit nagiosgrapher

|  | lokal | ferngesteuert |
|---|---|---|
| kurzfristig | Taskmanager | Nagios |
|  |  | VisualVM |
| langfristig | perfmon | Nagios mit nagiosgrapher |

Für ein Monitoring von Betriebssystemen im Sinne von DevOps bietet sich ein ferngesteuertes, langfristiges Monitoring an, da die Zustände jedem zugänglich gemacht werden können.

---

### 2.2.3 Laufzeitumgebung

Eine Möglichkeit der Überwachung der Java-Laufzeitumgebung ist durch das Tool VisualVM gegeben. Es ermöglicht über eine graphische Oberfläche die Ansicht von detaillierten Informationen über Java-Laufzeitumgebungen. Darunter fallen zum Beispiel die Auslastung der CPU, die Belegung des Heaps, die Anzahl der geladenen Klassen und sie Anzahl der laufenden Threads.

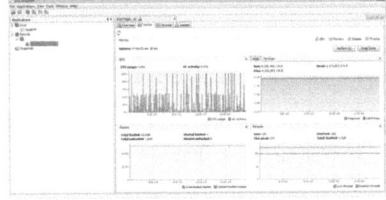

Abbildung 13: VisualVM

### 2.2.4 Anwendung

Für das Monitoring von Java-Anwendungen gibt es mehrere Möglichkeiten. Man kann zum Beispiel seine eigene GUI erstellen und über diese dem Benutzer Parameter der Anwendung sichtbar machen. Bei einer großen Anzahl an Anwendungen würde dies auch eine große Anzahl an anwendungsspezifischer GUIs mit sich bringen. Für jede müsste eine eigene Lösung konzipiert und erstellt werden. Das wäre kein unerheblicher Aufwand. Sollen diese auch noch über das Netzwerk erreichbar sein, so wird der Aufwand der Realisierung um einiges größer. Es geht aber auch einfacher.

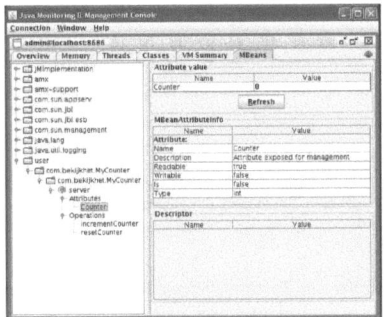

Abbildung 14: JConsole

Java bietet mit der Java Management Extension (JMX) eine Lösung an, die Werkzeuge zum bauen von verteilten, webbasierten, modularen und dynamischen Lösungen für die Überwachung von Anwendungen ermöglicht. Zu überwachende Ressourcen werden hierbei durch MBeans repräsentiert. diese können über definierte Schnittstellen abgefragt werden.

JConsole nutzt diese Schnittstelle und zeigt umfassende Informationen, sowohl zur Laufzeitumgebung, als auch zu den einzelnen, durch MBeans offen gelegten, Ressourcen an.

Mittels Plugins ist auch Nagios in der Lage, die von JMX bereitgestellte Schnittstelle zu nutzen.

## 2.3 Nagios

Nagios ist eine Software, die es einem Anwender ermöglicht, Monitoring von komplexen IT-Infrastrukturen zu betreiben. Über eine Weboberfläche können die Zustände des Netzwerks, der Hosts und deren Services überwacht werden. Da Nagios modular aufgebaut ist, ist es dem Anwender möglich auf fertige Module zurückzugreifen oder eigene, den gegebenen Anforderungen entsprechende Module zu erstellen. Nagios wird mittels Konfigurationsdateien eingestellt. In diesen können unter anderem Hosts, Services, Abhängigkeiten zwischen diesen (Host-Host, Host-Service, Service-Service) und Kontakte definiert werden.

Abbildung 15: Nagios Logo

### 2.3.1 Hosts

Hosts werden von Nagios folgendermaßen definiert:

- Hosts sind gewöhnlicherweise physikalische Geräte im Netzwerk (Server, Arbeitsplatzrechner, Router, Switch, Drucker, ... )
- Hosts haben eine Adresse (IP, MAC, ... )
- Hosts stellen einen oder mehrere Dienste bereit (HTTP, POP3, FTP, SSH, ... )
- Hosts können eine Eltern/Kind-Beziehung mit anderen Hosts haben

### 2.3.2 Services

Services sind zentrale Objekte der Monitoring Logik von Nagios. Diese sind Hosts zugeordnet und können

- Attribute eines Hosts (CPU load, Speicherauslastung, uptime, ... ),
- auf dem Host bereitgestellte Dienste (HTTP, POP3, FTP, SSH, ... ) oder
- andere mit dem Host in Verbindung gebrachte Dinge

sein. Ihnen können Schwellwerte zugeordnet werden, wobei vier Zustände abgeleitet werden können. "Critical", "Unknown" "Warning" oder "Ok".

**Critical:**

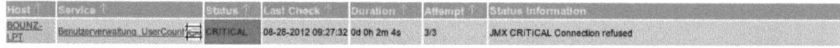

Abbildung 16: Service Critical

Der Service befindet sich in einem kritischen Zustand.

**Unknown**:

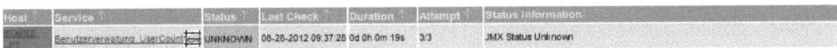

Abbildung 17: Service Unknown

Der Service Zustand des Services kann nicht ermittelt werden.

**Warning**:

Abbildung 18: Service Warning

Der Service befindet sich in einem besorgniserregenden Zustand.

**Ok**:

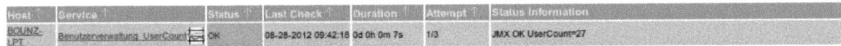

Abbildung 19: Service Ok

Der Service befindet sich in den geforderten Parametern.

### 2.3.3 Contacts

Contacts sind Menschen, die im Benachrichtigungsprozess eingebunden sind. Diese haben einen oder mehrere Wege, auf denen sie benachrichtigt werden können (Telefon, Email, Pager, ...) und erhalten Benachrichtigungen von Hosts und Services, denen sie zugeordnet sind.

### 2.3.4 Plugins

Nagios ist modular aufgebaut. Dies bedeutet, dass es Anwendern möglich ist Module, den eigenen Anforderungen entsprechend zu entwerfen und diese in Nagios einzubinden.

#### NRPE

Mit NRPE (Nagios Remote Plugin Executor) ist es möglich, Plugins auf entfernten Rechnern aus-zuführen. Soll zum Beispiel der verfügbare Speicherplatz auf einem entfernten Rechner überprüft werden, wird das Plugin check_nrpe (Client) auf dem Nagios-Rechner ausgeführt. check_nrpe sendet nun einen String an den zu überwachenden Rechner. Der dort (auf Port 5666) hörende NRPE-Dienst (Server) vergleicht den ankommenden String mit dem in seiner Konfigurationsdatei Hinterlegten. Jedem dieser Strings ist ein Kommando zugeordnet. Findet er den vom Nagios ge-sendeten in seiner Konfiguration, führt er das zugehörige Kommando aus und schickt das Ergebnis (Exitcode und Ausgabe) an check_nrpe der Nagiosmaschine zurück. check_nrpe wiederum reicht das Ergebnis an Nagios weiter, wo es, wie die Ergebnisse anderer Plugins auch dargestellt wird.

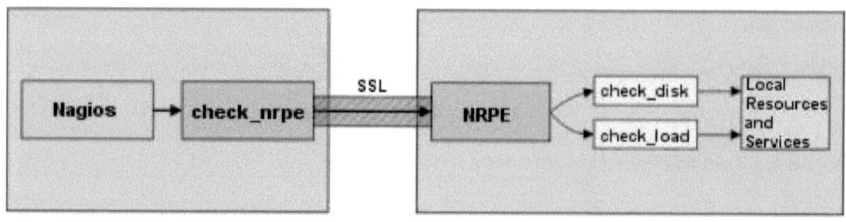

**Monitoring Host**          **Remote Linux/Unix Host**

Abbildung 20: NRPE [Nag07]

Via NRPE lassen sich nicht nur Checks ausführen, sondern jegliche Art von Kommando. Aus diesem Grund besteht die Möglichkeit, die komplette Kommunikation (check_nrp <-> NRPE-Dienst) verschlüsselt ablaufen zu lassen. Weiterhin können nur die in der Konfigurationsdatei des NRPE-Dienstes festgelegten Kommandos ausgeführt werden. Diese Datei wird beim Starten des NRPE-Dienstes eingelesen, weswegen Änderungen in dieser Datei einen Neustart des Dienstes nach sich ziehen.

### 2.3.5 Eskalationsstufen

Nagios unterstützt die Eskalation bei Benachrichtigung der Kontaktpersonen von Hosts und Services. Die Eskalation wird durch die Definition der Eskalationen in den Konfigurationsdateien von Nagios erreicht. Benachrichtigungen werden nur eskaliert, wenn einer oder mehrere Eskalations-Definitionen mit der aktuellen Benachrichtigung übereinstimmen.

Ein Beispiel:
Ein Service fällt aus. Bei der ersten Erkennung des Ausfalls durch Nagios werden nur die Administratoren benachrichtigt. Diese können nun versuchen innerhalb eines Zeitfensters (bis die nächste Überprüfung durch Nagios stattfindet) diesen Fehler zu beheben. Wenn der Fehler nicht behoben wurde und die nächste Überprüfung stattgefunden hat, werden zusätzlich zu den Administratoren die Entwickler des Services benachrichtigt, um den Administratoren durch tiefer gehendes Wissen über den Service bei dem Problem zu helfen. Wird der Fehler auch nach fünf Überwachungszyklen von Nagios nicht behoben, bekommt der Kunde automatisch eine Benachrichtigung. Wird der Fehler allerdings vorher behoben, kriegt der Kunde von dem Ausfall des Services nichts mit.

3. STAND DER TECHNIK

# 3 Stand der Technik

Für diese Bachelorarbeit wurde Anfang Juli 2012 eine Umfrage zum Thema DevOps gestartet. Sowohl regionale als auch überregionale IT-Firmen wurden per Email angeschrieben und konnten Fragen mittels einem Online-Formular beantworten. Die Fragen, die gestellt wurden lauteten:

- Welche Rolle entspricht Ihrer Position innerhalb der Firma?
- Sagt Ihnen der Begriff "DevOps" etwas?
- Was, denken Sie, ist DevOps?
- Welche Unternehmensbereiche sind Ihrer Ansicht nach bei DevOps beteiligt?
- In welchem Stadium befindet sich die Implementierung von DevOps in Ihrer Firma?
- Welche Probleme stehen/standen bei der Implementierung von DevOps im Weg?
- Welche Tools nutzen Sie im Zusammenhang mit DevOps?
- Welche Vorteile erhoffen Sie durch DevOps zu erzielen?
- Wie validieren Sie den Erfolg Ihrer Einführung von DevOps?
- Wie ist Ihr Unternehmen auf DevOps aufmerksam geworden?
- Skizzieren Sie bitte kurz Ihren Entwicklungsprozess im Zusammenhang mit DevOps.

Anhand der Antworten kann darauf geschlossen werden, wie bekannt DevOps mittlerweile ist, welche Geschäftsbereiche in DevOps involviert sind und wie es konkret mit Prozessen und Werkzeugen umgesetzt wird.

Aufgrund mangelnder Teilnahme konnten aus dieser Umfrage leider keine Schlussfolgerungen gezogen werden. Das mag daran liegen, dass DevOps als Begriff noch nicht so weit bekannt ist, dass Firmen aus der IT-Branche etwas mit ihm anfangen können.

Die Firma Puppetlabs startete im Sommer 2011 auch eine Umfrage zum Thema DevOps [2]. An dieser nahmen 700 Personen teil. Die Umfrage ergab, dass über 90% der Teilnehmer mit dem Begriff DevOps vertraut sind. Sie verbinden mit DevOps eine verstärkte Interaktion zwischen Entwicklung und Administration, sowie einen kulturellen Wandel in der IT. Bei der Frage welche Vorteile sich die Teilnehmer durch den Einsatz von DevOps erhoffen, ergab sich, dass diese meistens

- Automation (von Konfigurationsverwaltungaufgaben),
- Verbesserung der Qualität von Softwarebereitstellungen, und
- kultureller Wandel, Zusammenarbeit und Kooperation sind.

---

[2]http://puppetlabs.com/wp-content/uploads/2011/10/plugin-download-1.pdf

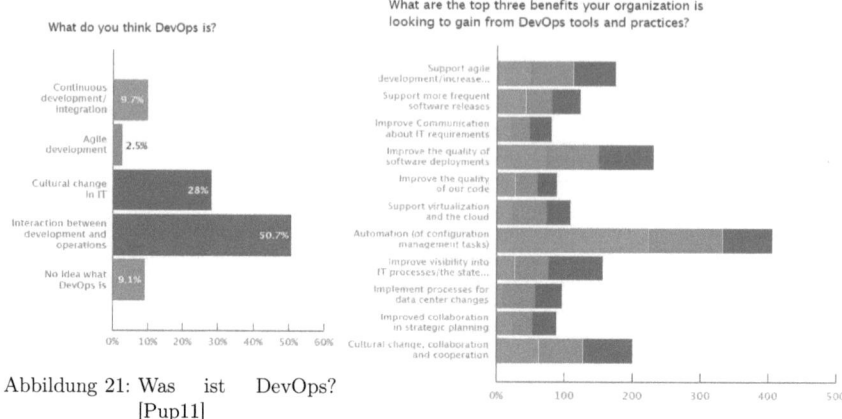

Abbildung 21: Was ist DevOps?
[Pup11]

Abbildung 22: Top Vorteile [Pup11]

Diejenigen Teilnehmer, deren Firmen DevOps umgesetzt haben, nutzen folgende Arten von Werkzeugen für ihre DevOps Initiative:

- Konfigurationsmanagement

- Monitoring von Ressourcen

- Änderungsverwaltung

Konkret wird dabei meistens Puppet für das Konfigurationsmanagement, Nagios für das Monitoring von Ressourcen und SVN für die Änderungsverwaltung eingesetzt.

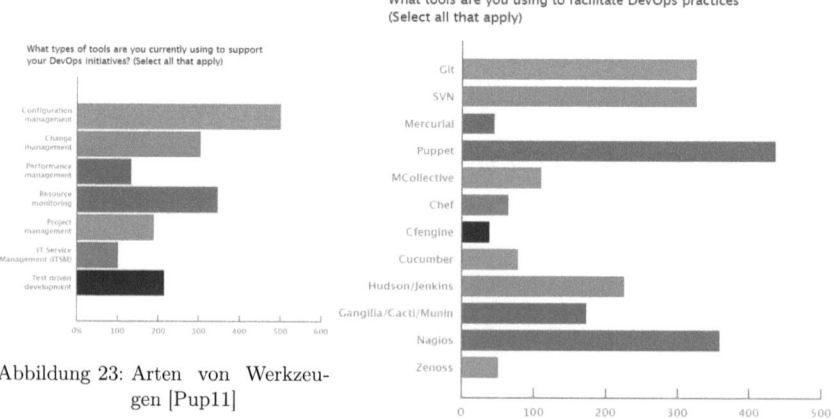

Abbildung 23: Arten von Werkzeugen [Pup11]

Abbildung 24: Konkrete Werkzeuge [Pup11]

Hindernisse die bei der Umsetzung von DevOps im Wege stehen, seien unter anderem, dass

- der Wert von DevOps außerhalb der Gruppe nicht erkannt wird,
- keine gemeinschaftliche Struktur zwischen Entwicklung und Administration besteht und
- DevOps zu neu ist und keine Unterstützung für eine erfolgreiche Umsetzung vorhanden ist.

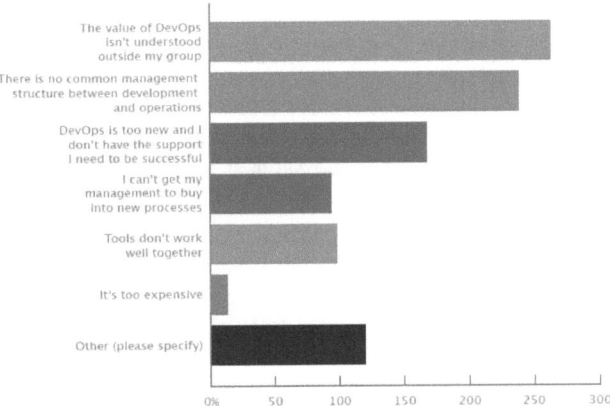

Abbildung 25: Hindernisse [Pup11]

# 4 Analyse der aktuellen Situation im Wilken SmartBusiness Bereich

## 4.1 Grundlegendes

Die Abteilung SmartBusiness der Firma Wilken setzt sich aus einem 12-köpfigen Team zusammen und wurde 2010 innerhalb der Firma Wilken gegründet. Ihr Aufgabengebiet umfasst die Entwicklung von Mehrwertanwendungen für die ERP-Softwareanwendung der Firma Wilken. Mehrwertanwendungen sind Anwendungen, die für mindestens eine Nutzergruppe einen (wie auch immer gearteten) Nutzwert haben, selber kein Teil der ERP-Softwareanwendung sind, aber spezifizierte Komponenten, Dienste oder Funktionalitäten davon nutzen.

Die entwickelten Mehrwertanwendungen werden in der Programmiersprache Java verfasst.

## 4.2 Culture

Seit kurzem setzt die Abteilung SmartBusiness das Vorgehensmodell Scrum ein. Dies ist ein agiler Entwicklungsprozess und wird aus Beteiligten der Softwareentwicklung, der Qualitätssicherung und der technischen Dokumentation gestellt. Das Rechenzentrum bleibt hierbei außen vor. Eine Kommunikation zwischen SmartBusiness und Rechenzentrum findet meistens nur statt, wenn Probleme auftreten. Das Verfolgen eines gemeinsamen Zieles und einem Zusammengehörigkeitsgefühl, ist somit nach den Ansätzen von DevOps zwischen der Abteilungen nicht gegeben.

Um eine Kultur nach DevOps zu pflegen wäre es sinnvoll, das Vorgehensmodell um das Rechenzentrum (Operations) zu erweitern.

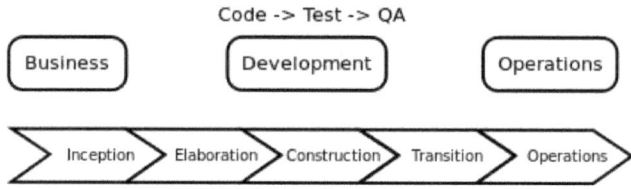

Abbildung 26: Erweiterung um Operations

## 4.3 Automation

In der Abteilung SmartBusiness wird das Tool Hudson eingesetzt. Dies ist ein durch Module erweiterbares, webbasiertes System welches es den Entwicklern erlaubt den kompletten Weg von Build, Release und Deployment einer Software automatisiert durchzuführen. Jede Codeänderung wird innerhalb weniger Minuten automatisch bestätigt oder als fehlerhaft erkannt.

Die Erstellung von Testsystemen ist in der Abteilung SmartBusiness eine schnelle Angelegenheit. Diese werden automatisch erzeugt. Dazu liegt als Basis eine virtuelle Maschinen mit installiertem Betriebssystem vor. Diese wird lediglich kopiert und mittels ausgewählter Shell-Skripts in einen gewünschten Zustand gebracht. Ein gewünschter Zustand ist das Vorhandensein von Software-komponenten, wie zum Beispiel einem Applikationsserver, einer Datenbank oder eines Webserver, und die Konfiguration von Parametern für die Firewall oder das Netzwerk.

Das Monitoring von Servern und Diensten, die SmartBusiness verwendet, erfolgt automatisiert über das Rechenzentrum. Dieses setzt Nagios ein.

Die Automation innerhalb der Abteilung SmartBusiness kommt den Ansätzen von DevOps schon sehr nahe, weist aber ihre Schwächen auf.

Ein Differenz zu den Ansätzen von DevOps ergibt sich beim Erstellen der virtuellen Testsysteme durch Shell-Skripts, weil diese nicht unbedingt den selben Zustand, wie den des Produktivsystems herstellen. Kleine Änderungen am Produktivsystem, die sich gravierend auf die entwickelte Software auswirken könnten, werden nicht an das Testsystem kommuniziert. Schon alleine deswegen, weil die Administration nicht bei der Erstellung des Systems involviert ist, wird es schwierig solche Änderungen frühzeitig zu erkennen. Eine Lösung hierfür wäre die automatisierte Erstellung eines Testsystems durch die Administration, nach Vorgaben der Entwicklung. So erfahren die Administratoren welche Anforderungen die Entwickler an einem System stellen und die Entwickler erfahren was aus Sicht der Administratoren dagegen sprechen könnte.

Ein weitere Differenz zu DevOps zeigt sich beim Monitoring durch das Rechenzentrum. Es ist kein Fehler, dies vom Rechenzentrum ausführen zu lassen. Aufgrund der fehlenden Zugriffs der Entwickler auf die ermittelten Daten, dringen aus Änderungen resultierende Ergebnisse erst sehr spät oder gar nicht durch. Zudem werden zwar die Verfügbarkeit von Diensten und Anwendungen überwacht, aber ob diese auch richtig funktionieren (so wie angedacht), ist nicht sicher gestellt. Dazu müssten Schnittstellen geschaffen werden, die es Nagios ermöglichen Einsicht auf Applikationsebene zu erhalten.

## 4.4 Sharing

Da keine Kultur nach DevOps zwischen SmartBusiness und Rechenzentrum besteht, werden Wissen, Werkzeuge, Ziele und Probleme auch nicht ausgetauscht. Ein Sharing findet lediglich innerhalb von SmartBusiness statt,

## 4.5 Measurement

Metriken die in der Abteilung SmartBusiness zum Messen des Projektfortschritts genutzt werden sind:

- Abgearbeitete Storypoints (Scrum-Projekt)
- Einhaltung der Termine

Metriken, die sich nach dem Rollout einer Software ergeben werden gar nicht von SmartBusiness erfasst. Das Rechenzentrum überwacht zwar die Software, das heißt, überprüft ob diese läuft. Jedoch reicht das nicht aus, um bei Fehlerfällen sofort schlüssige Ursachen und Fehlerquellen ermitteln zu können.
Nach DevOps sollten noch mehr Metriken gewählt werden, die SmartBusiness ein schnelles Feedback zu ausgelieferter Software bringen. Die Messungen die von beiden Gruppen für Interesse sein könnten müssen ausgetauscht werden.

# 5 Monitoring-Lösung

Aufbauend auf den Grundlagen, die im vorangegangenen Kapitel ermittelt wurden, wird in diesem Kapitel beschrieben, wie eine mögliche Monitoring-Lösung nach den Ansätzen von DevOps aussieht.

Um das Sharing nach DevOps zu betreiben wird das Montoring-Tool Nagios nicht nur dem Rechenzentrum, sondern auch der Entwicklung zugänglich gemacht. Dies gestaltet sich einfach, da Nagios eine Weboberfläche anbietet und mittels der integrierten Benutzerverwaltung Hosts und Services ein- und ausgeblendet werden können.

Da Nagios durch Module erweitert werden kann, ist es möglich auch Messdaten zu ermitteln, die für die Entwicklung von Interesse sind. Da die Abteilung SmartBusiness mit Java-Umgebungen arbeitet sind das also Zustände der JRE und der Anwendungen.

## 5.1 Testumgebung

Um das bestehende Produktivsystem bei Wilken nicht zu gefährden werden zwei virtuelle Maschinen eingesetzt um die Monitoring-Lösung aufzubauen. Deren Konfiguration sieht folgendermaßen aus:
System 1:                                          System 2:

| Betriebssystem: | Ubuntu Desktop 12.04 | Betriebssystem: | Ubuntu Desktop 12.04 |
|---|---|---|---|
| IP: | 192.168.0.106 | IP: | 192.168.0.112 |
| Software: | Web-Server (Apache Tomcat) | Software: | Web-Server (Apache2) |
| | Datenbank (PostgreSQL) | | OpenJDK 6.0 |
| | OpenJDK 6.0 | | Nagios Core 3.0 |
| | NRPE | | |
| | Testanwendung | | |

## 5.2 Testanwendung

Bei der Testanwendung auf System 1 handelt es sich um eine einfache Benutzerverwaltung mit der Benutzer angelegt, editiert und gelöscht werden können. Dazu werden Benutzerdaten, wie Nachname, Vorname, E-Mail-Adresse und persönliches Passwort in einer Datenbank abgelegt.

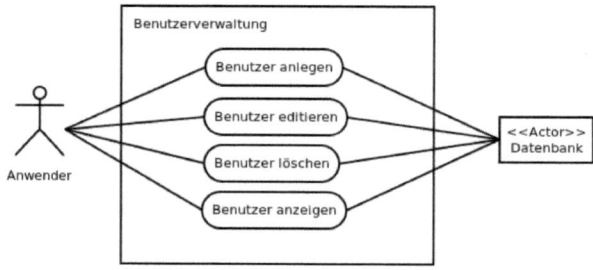

Abbildung 27: use case Benutzerverwaltung

Die Anwendung besteht aus JavaServer Pages (JSP), welche von einem Webserver (Apache Tomcat) in Servlets übersetzt und ausgeführt werden. Zur Vereinfachung der Programmierung wird das Spring Framework - ein quelloffenes Framework für Java-Plattformen - eingesetzt. Dieses bietet ein MVC-Pattern für Web-Anwendungen.

## 5.3 Spring Web MVC

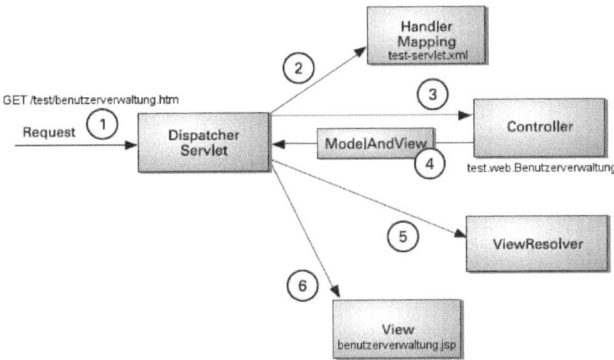

Abbildung 28: Spring Web MVC [hop]

Das obige Bild zeigt die Funktionsweise des Spring Web MVC-Pattern auf. Ein zentraler Dispatcher (dt. Disponent) nimmt Anfragen an den Webserver entgegen (1) und wählt anhand dieser ein Servlet. Im Falle der Testapplikation ist das bei der URL "/test/benutzerverwaltung.htm" das Servlet **test-servlet.xml**. Der Dispatcher erfährt durch ihn den Namen der Klasse, die für die Bearbeitung von Anfragen für die Seite "benutzerverwaltung.htm" vorgesehen ist (**test.web.Benutzerverwaltung**). Die Klasse erstellt anhand der weitergeleiteten Anfrage (3) ein Modell welches an den Dispatcher zurück gesandt wird (4). Dieser reicht das Modell an die, durch einen View Resolver ermittelte (5), View **benutzerverwaltung.jsp** weiter (6), welche das Modell abarbeitet, indem sie das Modell anzeigt.

## 5.4 Test der Webanwendung

Die richtige Funktion von Methoden und grundlegende Parameter der Klasse Benutzerverwaltung werden mittels JUnit-Tests überprüft. Dazu zählt zum Beispiel der erfolgreiche Aufbau einer Verbindung zur Datenbank oder das automatisierte Anlegen, Editieren und Löschen eines Testbenutzers. Sobald diese mit einem positiven Ergebnis abgeschlossen sind, wird die Interaktion zwischen JSP und Webserver getestet.

Da da Anwendung für Testzwecke genutzt wird, entfällt das übliche Logging in eine Datei. Stattdessen werden Fehlermeldungen direkt in ein Feld innerhalb der durch den Webserver generierten HTML-Seite angezeigt.

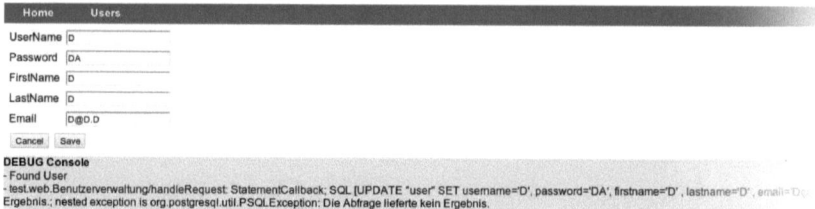

Abbildung 29: debug

Um die richtige Funktionsweise der Weboberfläche zu testen wird diesmal von Hand (durch Benutzung der Oberfläche) ein Testbenutzer angelegt, editiert und gelöscht.

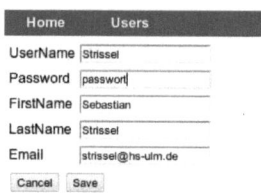

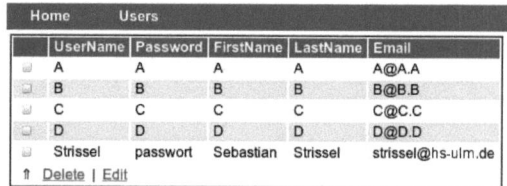

Abbildung 30: Neuer Benutzer

Abbildung 31: Liste aller Benutzer

## 5.5 MBeans implementieren

Managed Beans (MBeans) stellen den einfachsten Weg dar, in einer Java-Umgebung Komponenten zu überwachen. Dazu wird ein Interface definiert, dessen Name sich aus dem Namen der zu überwachenden Klasse und dem Wort MBean zusammensetzt.

Beispiel:
Der Name der zu überwachenden Klasse lautet "Benutzerverwaltung". Das Interface, welches die MBean darstellt lautet daher "BenutzerverwaltungMBean".

Nur durch diese Namenskonvention wird ein Interface als MBean erkannt.

Da durch die Nutzung des Spring MVC Web-Patterns die Klasse Benutzerverwaltung vorhanden ist, konnte nachträglich das Interface BenutzerverwaltungMBean definiert und implementiert werden. Dieses verlangt die Methode getUserCount, welche die Anzahl der in der Datenbank abgelegten Benutzer liefert.

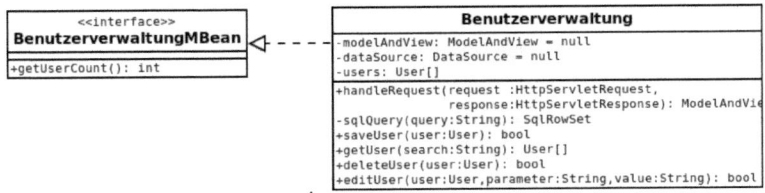

Abbildung 32: Klassendiagramm

Diese MBean wird zur Laufzeit des Webservers (und damit eines JRE) bei einem MBeanServer registriert. Der MBeanServer ermöglicht es, registrierte MBeans innerhalb der Laufzeitumgebung zu veröffentlichen. Somit kann anwendungsübergreifend auf Ressourcen zugegriffen werden.

Für die Monitoring-Lösung ist es jedoch notwendig, dass der Zugriff auf die MBeans über die Grenzen der JRE hinaus erfolgt. Dazu wird der RMI Connector als Adapter benötigt, welcher Teil der Java Management Extension (JMX) ist. Damit der Zugriff von außen auf den RMI Connector erfolgen kann, werden folgende Parameter der JVM benötigt:

- com.sun.management.jmxremote
  Dieser Parameter ermöglicht den lokalen Zugriff auf den JMX-Agenten

- com.sun.management.jmxremote.port
  Der Parameter gibt den Port an, an welchem der JMX-Agent auf eingehende Verbindungen wartet.

- com.sun.management.jmxremote.password.file (optional)
  Dieser Parameter gibt den Pfad zu einer Datei an, die das Passwort für eine erfolgreiche Anmeldung am JMX-Agenten enthält.

- com.sun.management.jmxremote.authenticate
  Mittels dieses Parameters kann die Authentifizierung gewählt werden. Standardmäßig ist diese aktiviert. Für die Testanwendung wurde diese Parameter auf false gesetzt. Somit wird keine Authentifizierung bei der Anmeldung am JMx-Agenten benötigt.

- com.sun.management.jmxremote.ssl
  Die Verbindung zwischen Client und JMX-Agenten kann verschlüsselt werden. Standardmäßig ist diese Option aktiviert. Jedoch wurde diese für die Testanwendung deaktiviert indem der Parameter auf false gesetzt wurde.

- java.rmi.server.hostname
  In diesen Parameter wird die IP-Adresse des Systems eingetragen.

## 5.6 Test der Remote Method Invocation (RMI)

Mit Hilfe der Anwendung JConsole wird eine Verbindung mit dem JMX-Agenten aufgebaut. Dazu wird die Adresse benötigt welche sich folgendermaßen aufbaut:

service:jmx:rmi:///jndi/rmi://[Host][:Port][/[Objekt]]
service:jmx:rmi:///jndi/rmi://localhost:1099/benutzerverwaltung

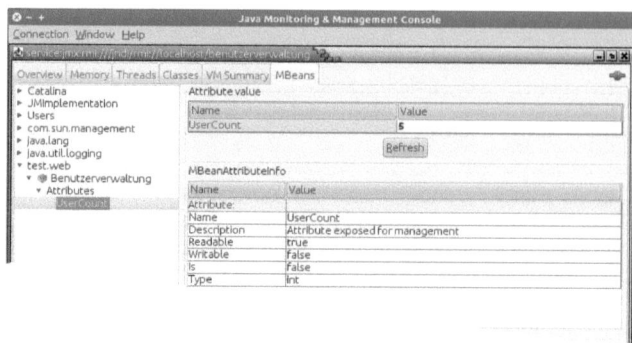

Abbildung 33: JConsole

Im Bild sieht man, dass die registrierte MBean und deren Methode getUserCount erkannt wurden. Da es sich bei getUserCount um eine "Getter"-Methode handelt, erscheint das Attribut UserCount in der JConsole.

## 5.7 Verbindung zu Nagios

Um die Verbindung zwischen Nagios und dem JMX-Agenten herstellen zu können wird das Nagios-Plugin check_jmx benötigt. Dieses wird in Nagios eingebunden und ein Kommando definiert welches das Plugin mit Parametern aufruft.

```
# 'check_UserCount' command definition
define command
{
        command_name    check_UserCount
        command_line    $USER1$/check_jmx −U service:jmx:rmi:///jndi/
            rmi://$HOSTADDRESS$:1099/benutzerverwaltung −O test.web:type
            =Benutzerverwaltung −A UserCount −w 26 −c 0
}
```

| Parameter | Bedeutung |
|-----------|-----------|
| -U | Adresse des JMX-Agenten |
| -O | Name der Objektes |
| -A | Attribut des Objekts |
| -w | Schwellwert des Zustand Warning |
| -c | Schwellwert des Zustand Critical |

Tabelle 3: Paramterer zu check_jmx

Als nächstes wird der Host, der die Testanwendung ausführt definiert.

```
define host
{
    use                linux-server
    host_name          BOUNZ-LPT
    alias              Mein Laptop
    address            192.168.0.106
    contact_groups     admins
}
```

Aufbauend auf der Definition von Kommando und Host wird nun der zu überwachende Service definiert.

```
define service
{
    use                  generic-service
    host_name            BOUNZ-LPT
    service_description  Benutzerverwaltung_UserCount
    contact_groups       admins
    check_command        check_UserCount
}
```

Nach der erfolgreichen Implementierung des Nagios-Plugin check_jmx erscheint im Menü Services der Punkt "Benutzerverwaltung_UserCount" beim Host "BOUNZ-LPT".

Abbildung 34: Eingebundener Service

## 5.8 Graphische Darstellung

Im jetzigen Zustand kann nur eine Momentaufnahme der Anzahl von Benutzern in der Datenbank gezeigt werden. Um den Verlauf über eine längere Zeit zu sehen wird Nagios nun um das Plugin "nagiosgrapher" erweitert.

Die Daten, die Nagios zu einem Service ermittelt, werden automatisch an das Plugin gesandt, welches diese in einer Round-Robin-Datenbank (RRD) ablegt.

Das Prinzip hinter RRD sieht folgendermaßen aus. Beim Anlegen der Datenbank wird eine RRD-Datei erzeugt. Diese hält Speicherplätze für eine definierte Zeitspanne bereit. Kommen neue Daten hinzu, so wird die Datenbank nicht vergrößert, sondern ältere Daten werden überschrieben. Die Auflösung der RRD-Dateien hängt von der gewählten Zeitspanne ab. So hat eine RRD-Datei, die für die Sammlung von Daten innerhalb eines Tages zuständig ist zum Beispiel 288 Stellen (alle 5 Minuten ein Wert), eine für ein Jahr 365.

Die RRD-Dateien sind über das Plugin so verknüpft, dass zu Vollendung einer Zeitspanne, der

---

Mittelwert über diese gebildet wird und das Ergebnis in der RRD-Datei, die für die nächst größere Zeitspanne zuständig ist abgespeichert.

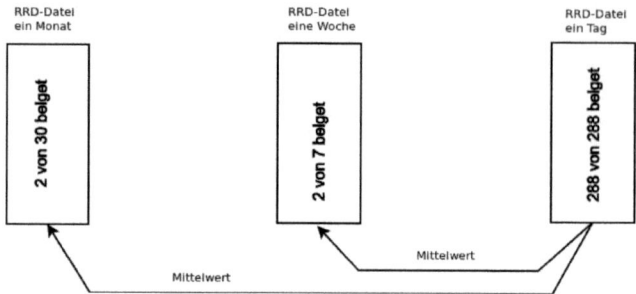

Abbildung 35: RRD

Aus dem Inhalt der RRD-Datei erstellt das Plugin nun Bilder, die den Verlauf der ermittelten Daten in festgelegten Zeitintervallen (ein Tag, eine Woche, ein Monat, ein Jahr) anzeigt.

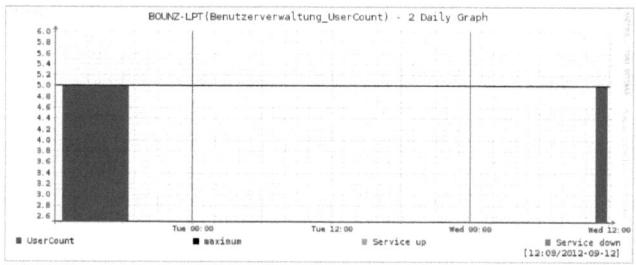

Abbildung 36: 2-Tage Graph

## 5.9 Gesamtübersicht

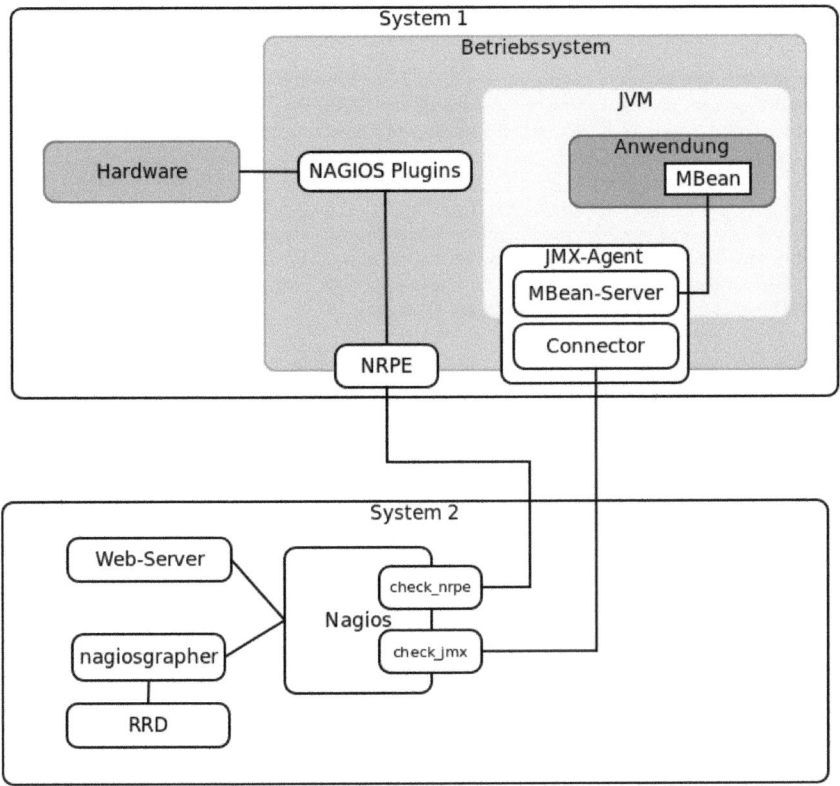

Abbildung 37: Gesamtübersicht der Monitoring-Lösung

# 6 Zusammenfassung und Ausblick

Mit Hilfe der in Kapitel 5 beschriebenen Monitoring-Lösung ist es möglich eine Überwachung von der Hardware, bis hin zu einzelnen Attributen in Klassen von Java-Anwendungen von entfernten Systemen in einem Netzwerk durchzuführen. Die Lösung kann auf verschiedenen Betriebssystemen verwendet werden, da sowohl Nagios, als auch dessen NRPE-Plugin für mehrere Betriebssysteme angeboten wird. Die Bedienung über eine Weboberfläche ermöglicht zudem das Monitoring vom Smartphone, Tablet oder PC aus.

Ein Nachteil der sich beim Monitoring mit Nagios ergibt, ist dessen fehlende Skalierbarkeit. Je mehr Hosts und Services überwacht werden, desto länger braucht Nagios bis es einmal alle Abfragen getätigt hat. Bei kritischen Anwendungen ist das ein untragbarer Zustand. Eine verteilte Lösung würde hierbei das Problem entschärfen. Eine solche ist vorhanden. Es handelt sich dabei um die Nagios-Erweiterung DNX (Distributed Nagios eXecutor).

In dieser Bachelorarbeit wurde nur eine Lösung für das Monitoring von Java-Anwendungen und deren Laufzeitumgebung aufgezeigt, da diese in der Abteilung SmartBusiness zum Einsatz kommen. Dadurch, dass Erweiterungen wie check_jmx in jeder beliebigen Sprache verfasst werden können, ist es aber auch möglich mit eigenen Erweiterungen Zugriff auf die Laufzeitumgebung dotNet zu erlangen.

# V  Abbildungsverzeichnis

# VI  Tabellenverzeichnis

# VII Literaturverzeichnis

[Boo] BOOTH, David: *How to Measure the Effects of Development + Operations improvements, an OpenSpace conversation.* – http://zeroturnaround.com/labs/how-to-measure-the-effectiveness-of-implementing-devops/

[Deb09] DEBOIS, Patrick: *Devopsdays09 - Two Weeks Later.* 2009. – http://www.jedi.be/blog/2009/11/15/devopsdays09-two-weeks-later/

[Eig12] EIGENBRODT, Martin: "Infrastructure as Code" mit Chef. In: *javamagazin* (2012), 01

[hop] HOP2CROFT: *Ejemplo básico de Spring MVC con Maven.* – http://hop2croft.wordpress.com/2011/09/10/ejemplo-basico-de-spring-mvc-con-maven/

[Hum11a] HUMBLE, Jez: *Continuous Delivery: reliable software releases through build, test, and deployment automation.* Boston : Pearson Education, Inc, 2011

[Hum11b] HUMBLE, Jez: Why Enterprises Must Adopt Devops to Enable Continuous Delivery. In: *Cutter IT Journal* (2011), 08

[Hü12] HÜTTERMANN, Michael: *DevOps for Developers.* New York : Apress, 2012

[Nag07] NAGIOS: *Nagios NRPE Documentation*, 05 2007. – http://nagios.sourceforge.net/docs/nrpe/NRPE.pdf

[Nag12] NAGIOS: *Nagios Core Documentation*, 06 2012. – http://nagios.sourceforge.net/docs/nagioscore-3-en.pdf

[Pes12] PESCHLOW, Patrick: Die DevOps-Bewegung. In: *javamagazin* (2012), 01

[Pup11] PUPPETLABS: *Evolution of Devops: Emerging Discipline or Buzzword Hype?*, 07 2011. – http://puppetlabs.com/wp-content/uploads/2011/10/plugin-download-1.pdf

[Ull09] ULLENBOOM, Christian: *Java ist auch eine Insel.* Galileo Computing, 2009

# VIII Glossar

| Begriff | Bedeutung |
|---|---|
| Appliance | Gerät, Vorrichtung, Apparatur |
| Application-Server | (dt. Anwendungsserver) Dies ist im Allgemeinen ein Server in einem Computernetzwerk, auf dem Anwendungsprogramme ausgeführt werden. |
| Bugfix | Korrektur für Software oder Daten |
| Dev / Developer | Entwickler |
| GUI | Graphical User Interface (dt. graphische Benutzeroberfläche) |
| HAL | Hardware Abstraction Layer |
| JDK | Java Development Kit |
| JRE | Java Runtime Environment |
| JVM | Java Virtual Machine - Bestandteil der JRE |
| Monitoring | Überwachung eines Vorgangs oder Prozesses mittels technischer Hilfsmittel |
| NRPE | Nagios Remote Plugin Executor |
| Ops/Operator | Administrator |
| Rollout | Einführung oder Markteinführung |
| VM | Virtual machine (dt. virtuelle Maschine). Eine simulierte Maschine die nicht aus Hardware, sondern aus Software besteht. |